Guntram Czauderna
Götz Hütt

Stolpersteine
in Duderstadt

gwd

Besuchen Sie uns im Internet:
www.geschichtswerkstatt-duderstadt.de

Fotos: Götz Hütt

Zeichnung S. 6: Dorothea Hütt

Die Karte auf der 4. Umschlagseite,
unter Verwendung einer Vorlage
von H. Sauerteig, bildet Duderstadt
im Jahr 1927 ab.

In wenigen Fällen sind seit der Verlegung zu dem auf den Stolpersteinen Angegebenen neue Erkenntnisse hinzugekommen. Sie sind im je-
weiligen Begleittext zu den einzelnen Steinen vermerkt.
Brita Bunke-Wucherpfennig und Günther Siedbürger ist für die Durch-
sicht des Manuskripts zu danken.

© Götz Hütt 2012
Herstellung und Verlag:
Books on Demand GmbH, Norderstedt
ISBN 978-3-8391-4140-3

Stolpersteine in Duderstadt

Stolpersteine
erinnern an Menschen, die Opfer des Nationalsozialismus wurden – an Juden, Sinti und Roma, Zeugen Jehovas, aus politischen Gründen Verfolgte, Homosexuelle und Euthanasieopfer.

Stolpersteine
sind Messingtafeln, in die mit Hammer und Schlagbuchstaben die Worte HIER WOHNTE und darunter der Name, das Geburtsjahr und weitere Schicksalsdaten eingestanzt sind. Sie werden vor dem letzten selbst gewählten Wohnort von Opfern des Nationalsozialismus plan in den Bürgersteig eingelassen.

Stolpersteine
sind geeignet, den Blick auf ein vertrautes Umfeld zu verändern: Aus dieser Straße, aus diesem Haus wurde jemand verhaftet und deportiert.

Stolpersteine
können zum Innehalten veranlassen. Wie konnte es geschehen, dass Menschen verfolgt, in Konzentrationslager verschleppt, in Anstalten und Vernichtungslagern ermordet wurden?

Stolpersteine
sind ein Kunstprojekt von Gunter Demnig. Sie sind bereits in mehr als 500 Städten in Deutschland und in weiteren europäischen Ländern verlegt. 26 Stolpersteine erinnern in Duderstadt an hiesige Opfer des nationalsozialistischen Deutschland.

Schriftenreihe der Geschichtswerkstatt Duderstadt

MIX
Papier aus verantwortungsvollen Quellen
Paper from responsible sources
FSC www.fsc.org **FSC® C105338**

Inhaltsverzeichnis

(1) Obertorstraße 59/ Familie Israel-Rosenbusch

Das inzwischen abgerissene Haus Obertorstraße 59 diente ab 1939 als „Judenhaus", in dem alle zu dieser Zeit noch in Duderstadt verbliebenen Juden wohnen mussten – neben der Familie des Viehhändlers Joseph Israel dessen Schwiegermutter Berta Rosenbusch, Erich Löwenthal, dessen Stolperstein aber bei denen für seine Familie verlegt ist, sowie vielleicht noch Karl Holländer, dessen Frau Frieda H. im Dezember 1938 gestorben war. Sie lebten hier unter Repressionen und Schikanen, die in Berlin erdacht und verordnet und in Duderstadt mit vielfältiger Beteiligung ausgeführt wurden. Dazu gehörten z. B. das ab 1938 geltende Verbot, jüdische Kinder in öffentlichen Schulen zu dulden, die Verpflichtung, Radioapparate und weitere Gegenstände abzuliefern, Juden weniger Lebensmittel als deutschen „Volksgenossen" zuzuteilen, den zusätzlichen Vornamen Sara oder Israel zu tragen, sich ab 1941 durch einen gelben Stern mit der Aufschrift „Jude" zu kennzeichnen usw. An weiterem Unheil, das Juden zugefügt werden sollte, konnten für den, der die Augen nicht verschloss, wenig Zweifel bestehen. Die lokale Südhannoversche Zeitung druckte am 25.2.1942 die folgende öffentliche Drohung Hitlers: „... und meine Prophezeiung wird ihre Erfüllung finden, dass durch diesen Krieg nicht die arische Menschheit vernichtet, sondern d e r J u d e a u s g e r o t t e t w e r d e n w i r d. Was auch immer der Kampf mit sich bringen, oder wie lange er dauern mag, dies wird sein endgültiges Ergebnis sein. Und dann erst, nach der Beseitigung dieser Parasiten, wird über die leidende Welt eine lange Zeit der Völkerverständigung und des Friedens kommen."

Nur einen Monat später, am 26.3.1942, wurden die Bewohner des Hauses der Gestapo Hildesheim übergeben. Ihnen war die Deportation zuvor angekündigt und mitgeteilt worden, was sie mitnehmen durften und sollten: einen Koffer oder Rucksack bis 50 Kilogramm, vollständige Bekleidung samt ordentlichem Schuhwerk, Bettzeug mit Decke, Transportverpflegung für drei Tage, Essgeschirr, außerdem alles Bargeld, Wertpapiere, Sparkassenbücher und sonstiges Wertvolle wie z. B. Schmuck. In Hildesheim wurden sie durchsucht und aller Wertgegenstände beraubt. Dann transportierte die Gestapo sie ganz öffentlich mit der Straßenbahn nach Hannover-Ahlem. Am 31.3.1943 verlud man sie in Güterwagons eines aus Gelsenkirchen kommenden Zuges. Der Planung der Gestapo zufolge sollte dieser Zug sie nach Trawniki bringen. Laut Tagebuchaufzeichnungen von Adam Czerniakow, dem Vorsitzenden des Judenrats im Warschauer Ghetto, traf dieser Transport jedoch am 1. April 1942 ebendort ein.

Joseph (Josef) Israel, geboren am 2.11.1882, Viehhändler von Beruf, zog in den zwanziger Jahren des 20. Jahrhunderts nach Duderstadt. 1936 oder 1937 musste er seinen Betrieb aufgeben und war als Ziegelei-Arbeiter tätig. 1939 versuchte die Familie Israel noch, Deutschland zu verlassen, aber es fehlte ihr das dafür erforderliche Geld. Am 26.3.1942 wurde Joseph Israel in Duderstadt der Gestapo Hildesheim übergeben und am 31.3.1942 von Hannover aus ins Warschauer Ghetto deportiert. Joseph Israel wurde an unbekanntem Ort ermordet.

Selma Israel, geb. Rosenbusch, geboren am 20.9.1892, Mutter von drei Kindern, wurde am 26.3.1942 wie ihr Mann der Gestapo Hildesheim übergeben und am 31.3.1942 von Hannover aus ins Warschauer Ghetto deportiert. Sie wurde an unbekanntem Ort ermordet.

8

Hans Israel, geboren am 16.8.1920, zog am 30.10.1939 nach Hamburg. Von dort wurde er am 8.11.1941 in das Ghetto Minsk verschleppt und an unbekanntem Ort ermordet.

Leo Israel, geboren am 16.12.1923, war 1940 Feinmechanikerschüler an der Israelitischen Gartenbauschule Ahlem/Hannover. Am 26.3.1942 wurde er wie seine Eltern in Duderstadt der Gestapo Hildesheim übergeben und am 31.3.1942 in das Warschauer Ghetto deportiert. Er wurde an unbekanntem Ort ermordet.

Norbert Israel, geboren am 18.1.1932, war 1939/40 als Grundschüler des ersten Schuljahres in der Israelitischen Gartenbauschule Ahlem/Hannover untergebracht. Ihm war zu dieser Zeit der Zugang zu den öffentlichen Schulen in Duderstadt verwehrt. Am 26.3.1942 wurde er wie seine Eltern in Duderstadt der Gestapo Hildesheim übergeben und am 31.3.1942 in das Warschauer Ghetto deportiert. Er wurde an unbekanntem Ort ermordet. Das Datum seines Todes ist nicht bekannt.

Berta (Bertha) Rosenbusch, geb. Katz, Mutter von Selma Israel, geboren am 24.8.1862, wurde in Duderstadt am 26.3.1942 der Gestapo Hildesheim übergeben. Ab dem 4.4.1942 lebte sie im „Judenhaus" Ellernstraße in Hannover. Am 23.7.1942 wurde sie in das KZ Theresienstadt deportiert. Ihr Todestag war der 20.5.1943.

(2) Bei der Oberkirche 2 / Heinrich Kötter

Heinrich Kötter wurde am 28.10.1910 in Laggenbeck/Westfalen geboren und am 17.7.1938 in Münster zum Priester geweiht. In Duderstadt war er als Kaplan tätig. Am 3.10.1941 wurde er hier verhaftet. Er war im Filialbezirk Tiftlingerode denunziert worden. Eine Frau hatte ihrem Ehemann während dessen Fronturlaubs von einem Gespräch mit Heinrich Kötter erzählt. Der Ehemann zeigte Kötter an. Dem Kaplan wurde „Unterminierung der inneren und äußeren Front" vorgeworfen. Nach Verhören in Hannover lieferte ihn die Gestapo in das Arbeitserziehungslager Liebenau ein und am 5.12.1941 in das KZ Dachau. Im Arbeitskommando „Plantage" gehörte er lange Zeit der Häftlingsgruppe an, welche den Pflug oder die Egge zu ziehen hatte. Im Krankenrevier war er als Pfleger tätig. Am 6.4.1945 kam er frei und kehrte über Laggenbeck für einige Monate nach Duderstadt zurück. Von 1957 bis 1972 wirkte er als Pfarrer an St. Ludgeri in Ahlen. Am 15.6.1973 starb Heinrich Kötter.

Konzentrationslager Dachau 3 K

Absender:

Meine Anschrift:

Name: Heinrich Kötter

geboren am: 28.X. 1910 – Dachau 3 K

Gef.-Nr. 28828 – Block 26/3

Dachau 3 K, den: 2. Mai 42

Ihr Liebsten! Für 2 Briefe

muß ich nun Danken. Die

Freude war groß, daß es Euch

gut geht, der Mutter u. Dir

Ihr den Mut noch nicht verloren habt, wie die

Briefe von Vater u. Liesbeth zeigen. Wenn es auch

mal schwer ist, den Mut werde auch ich nicht

verlieren. Wir wissen ja, Gott wird durch Maria

mit uns allen sein, u. all unser Tun wird seine

Frücht bringen für Kirche, Volk u. Vaterland.

1285

Brief Heinrich Kötters aus dem Konzentrationslager Dachau

(3) Marktstraße 40 / Familie Gustav und Johanna Löwenthal

Gustav Löwenthal (Loewenthal), geboren am 17.7.1868, war Kaufmann. Von 1913 bis 1922 und von 1925 bis 1939 übte er das Amt des Vorstehers der Synagogengemeinde Duderstadt aus. Nach der Plünderung seines Textilgeschäfts während des Pogroms am 9./10. November 1938 wurde sein Haus noch in demselben Monat „arisiert". Es ging in den Besitz des Bäckermeisters Fredershausen über. Gustav Lö-

wenthal emigrierte am 28.2.1939 in die Niederlande. 1943 wurde er nach Auschwitz deportiert und ermordet.

Johanna Löwenthal, geb. am 26.12.1868, hatte fünf Kindern das Leben geschenkt. Am 28.2.1939 emigrierte sie mit ihrem Mann Gustav in die Niederlande. 1943 wurde sie nach Auschwitz deportiert und ermordet.

Erich Löwenthal, geboren am 6.3.1896, trat als Kaufmann in das Geschäft seines Vaters ein. Er blieb 1939 als einziger seiner Familie in Duderstadt, wohnte im „Judenhaus" Obertorstraße 59 und arbeitete als Landarbeiter. Die Reichsvereinigung der Juden in Deutschland ernannte ihn zum Vorsteher der Synagogengemeinde in Duderstadt. 1939 versuchte er, Geld von einem gesperrten Konto der Synagogengemeinde bei der Sparkasse Duderstadt freizubekommen, um der Familie Israel die Ausreise aus Deutschland zu ermöglichen. Er schrieb an den Oberfinanzpräsidenten in Hannover: „Ich bürge mit meinem Kopf dafür, daß die Gelder nur für obigen Zweck treu u. redlich verwandt werden." Vergebens. Erich Löwenthal wurde am 26.3.1942 in Duderstadt der Gestapo Hildesheim übergeben, am 31.3.1942 von Hannover aus in das Warschauer Ghetto verschleppt und am 16.9.1942 in Majdanek ermordet.

Emmi Löwenthal, geboren am 29.5.1900, emigrierte am 13.3.1939 in die Niederlande. Es gelang ihr die weitere Flucht, wohl nach Wilhelmstad auf den niederländischen Antillen. 1954 lebte sie in London.

Anneliese Rosenberg, geb. Löwenthal, geboren am 7.4.1904, emigrierte am 30.6.1938 in die Niederlande. Dort heiratete sie. 1943 wurde sie nach Auschwitz deportiert und ermordet.

Lothar Löwenthal, geb. am 7.5.1907, kehrte am 17.7.1936 aus Berlin in sein Elternhaus zurück und emigrierte am 28.7.1936 in die Niederlande. 1942 wurde er nach Auschwitz deportiert und dort am 11.8.1942 ermordet.

HIER WOHNTE
HILDE LÖWENTHAL
GEB. LEIB
JB. 1907
FLUCHT 1936 HOLLAND
??? →

Hilde Löwenthal, geb. Leib, kam 1936 mit ihrem Mann Lothar Löwenthal aus Berlin nach Duderstadt und emigrierte am 28.7.1936 in die Niederlande. 1942 wurde sie vom Lager Westerbork aus nach Auschwitz deportiert und ermordet.

(4) Marktstraße 37 / Familie Rosenbaum

Max **Rosenbaum**, geboren am 17.11.1868, betrieb das wirtschaftlich erfolgreichste jüdische Textilgeschäft in Duderstadt. Es konnte auch den Boykottaufrufen und antisemitischem Vandalismus der Jahre 1933 bis 1935 widerstehen. Max Rosenbaum starb am 15.1.1935 in Duderstadt.

Franziska Rosenbaum, geb. Hesse, geboren am 13.11.1879, brachte fünf Kinder zur Welt. Der älteste Sohn Hans verließ Duderstadt vor Beginn der NS-Zeit und wanderte nach Südafrika aus. Der Jüngste, Paul, starb 1932 in Duderstadt. Nach dem Tod ihres Mannes 1935 führt Franziska Rosenbaum

gemeinsam mit ihrem Sohn Ernst das Geschäft weiter. Es fiel dem Pogrom am 9./10. November 1938 zum Opfer. Noch in demselben Monat wurde das Geschäftshaus „arisiert". Es ging in den Besitz des Uhrmachermeisters Werner über. Am 10.3.1939 suchte Franziska Rosenbaum Zuflucht in Hamburg. Von dort aus wurde sie am 25.10.1941 in das Ghetto Litzmannstadt (Łódz) deportiert. Sie wurde ermordet.

Margarethe Rosenbaum, geboren am 31.7.1903, zog am 10.3.1939 mit Mutter und Bruder nach Hamburg. Von dort schrieb sie an Therese Arand in dem eichsfeldischen Dorf Wollbrandshausen Briefe. Diese lassen die enge Freundschaft der beiden Frauen (seit ihrer gemeinsamen Schulzeit bei den Ursulinen in Duderstadt) erkennen. Von Hamburg aus wurde Margarete Rosenbaum am 25.10.1941 in das

Ghetto Litzmannstadt (Łódz) deportiert. Sie wurde ermordet.

Ernst Rosenbaum, geboren am 21.4.1908, Kaufmann, führte nach dem Tod seines Vaters das Textilgeschäft gemeinsam mit seiner Mutter weiter. Nach dem Progrom am 9./10. November 1938 und „Schutzhaft" in einem KZ (entlassen am 6.12.1938) emigrierte er am 10.3.1939 von Duderstadt

aus über Hamburg nach Großbritannien. Mit dem Namen Ernest Ralston kehrte er als amerikanischer Soldat nach Deutschland zurück. Von Wiesbaden aus schrieb er 1949 einen freundlichen und persönlichen Brief an die Familie Werner. Dabei sprach er auch „die Sache des Hauses" an und schlug vor, nach einer Regelung in aller Freundschaft zu suchen. Ernest Ralston starb am 24.9.1980 in Viernheim.

Meine liebe, gute Therese,

Du bist gewiss in hier eingetroffen, schon vor einigen Erkältung, (auch mal im Bett Sie bin ich wirklich nicht dazu und unsere Freude kennst Du Dir ganz dann das „Spritzgebackene"! Das auch zu Hause immer mit kaum wenn es nicht übertrieben Das Gebäck ist schon während wird noch nicht aufgemacht. Das war ja Friedensqualität! Keine Süssigkeiten auch Keine alte Dame Keine Hülsenfrüchte Den andern auch gut. Ich aber ich muss sagen, das kann

Die Handschrift von Margarethe Rosenbaum

22

(5) Marktstraße 9 / Familie Max und Lina Löwenthal

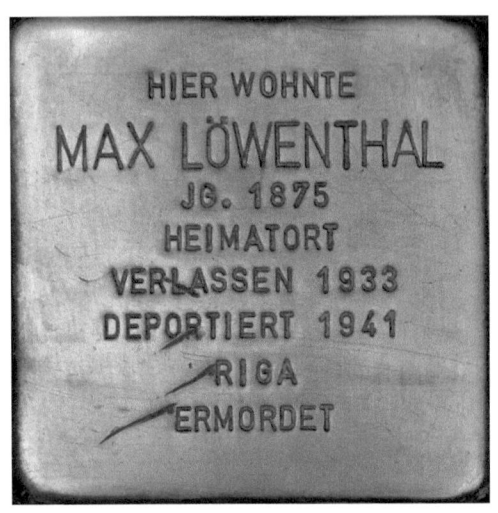

Max Löwenthal, geboren am 12.8.1875, Kaufmann, gab im März 1933 seine Eisenwarenhandlung in Duderstadt auf und zog am 29.3.1933 nach Hamburg. Von dort aus wurde er am 6.12.1941 nach Riga-Jungfernhof, einem Außenlager des Ghettos Riga, deportiert, wo er ermordet wurde.

Lina Löwenthal, geb. Fink, geboren am 20.7.1878, Mutter von fünf Kindern, zog am 29.3.1933 mit ihrer Familie nach Hamburg. Von dort aus wurde sie am 6.12.1941 nach Riga-Jungfernhof, einem Außenlager des Ghettos Riga, deportiert. Dort wurde sie ermordet.

Rudolf Löwenthal, geboren am 26.7.1905, zog mit seiner Familie am 29.3.1933 nach Hamburg und emigrierte in die Niederlande. Von Westerbork aus wurde er am 4.9.1944 nach Theresienstadt und von dort am 29.9.1944 nach Auschwitz deportiert. In Auschwitz wurde er ermordet.

HIER WOHNTE
RUDOLF LÖWENTHAL
JG. 1905
HEIMATORT
VERLASSEN 1933
DEPORTIERT
ERMORDET IN
AUSCHWITZ

HIER WOHNTE
BELLA LÖWENTHAL
VERH. KLEIN
JG. 1908
HEIMATORT
VERLASSEN 1933
DEPORTIERT
ERMORDET IN
AUSCHWITZ

Bella Löwenthal, verh. Klein, geboren am 30.3.1908, verließ Duderstadt mit ihrer Familie am 29.3.1933. In Hamburg heiratete sie und emigrierte mit ihrem Mann in die Niederlande. 1942 wurde sie nach Auschwitz deportiert und dort am 19.8.1942 ermordet.

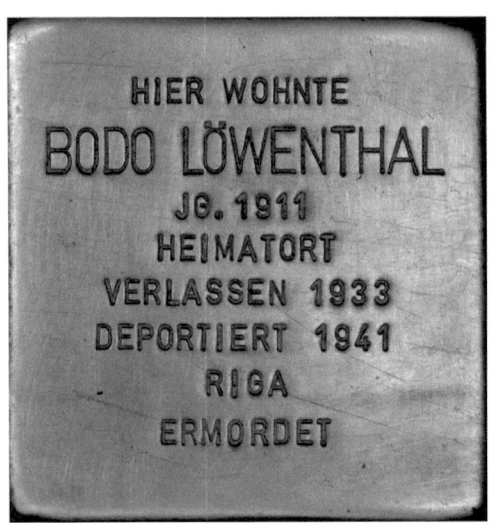

Bodo Löwenthal, geboren am 16.3.1911, zog mit seinen Eltern 1933 nach Hamburg. Von dort aus wurde er am 6.12.1941 nach Riga-Jungfernhof, einem Außenlager des Ghettos Riga, deportiert, wo er ermordet wurde.

Edith Löwenthal, geboren am 25.11.1922, zog mit ihren Eltern am 29.3.1933 nach Hamburg. Am 6.12.1941 wurde sie nach Riga-Jungfernhof, einem Außenlager des Ghettos Riga, deportiert. Dort wurde sie ermordet.

(6) Bahnhofstraße 35 / Ehepaar Stein

Aron Stein, geboren am 30.7.1870, war Viehhändler. Er emigrierte am 1.9.1933 in die Schweiz (Lugano) und von dort aus nach Mexiko, wo seine beiden Töchter verheiratet waren. Sein Grundbesitz wurde 1934 an die Edeka verkauft.

Flora Stein, geb. Katten, geboren am 6.7.1878, Mutter von vier Kindern, emigrierte am 1.9.1933 mit ihrem Ehemann Aron Stein in die Schweiz (Lugano) und von dort aus nach Mexiko zu ihren beiden Töchtern.

(7) Nicht verlegte Stolpersteine: Hinterstraße 81

Im Haus Hinterstraße 81 wohnte die Familie von Kurt und Grete Ballin. Der überlebende Sohn Rolf Ballin entschied sich gegen die Verlegung von Stolpersteinen aus Furcht davor, sie könnten, wie es mit anderen Mahnmalen in Duderstadt bereits geschehen war, geschändet werden. Die Verlegung der Stolpersteine für die Familie Ballin in Duderstadt hätte, soweit bekannt, wohl auch nicht der Vorgabe entsprochen, dass sie an den letzten frei gewählten Wohnsitz erinnern sollten. Der war in diesem Fall wahrscheinlich Nordhausen.

Kurt Ballin, geb. am 28.4.1898, war von Beruf Kaufmann. Nachdem das gemeinsam mit seinem Bruder geführte Konfektionsgeschäft 1932 in Konkurs gegangen war, zog er mit seiner Familie am 24.3.1934 nach Nordhausen. Am 9. November 1938, dem Tag des Pogroms, wurde er verhaftet und in das Konzentrationslager Buchenwald eingeliefert. Nach seiner Entlassung emigrierte er nach England und war seit Beginn des Zweiten Weltkrieges auf der Insel Man interniert. Nach seiner Meldung zum englischen Militär starb er bei Dünkirchen an einer Krankheit.

Grete Ballin, geb. Winter, geboren am 25.6.1903, zog am 24.3.1934 mit ihrer Familie nach Nordhausen. Am 10.5.1942 wurde sie in den Distrikt Lublin deportiert. Dort wurde sie ermordet.

Rolf Ballin, geboren am 14.5.1925, zog am 24.3.1934 mit seinen Eltern nach Nordhausen. Als Schüler emigrierte er nach Palästina. Im Alter von 14 Jahren begann er, in einer Garage und als Kellner zu arbeiten. 34 Jahre lang war er als Busfahrer in Tel Aviv tätig. Er lebt weiterhin in Israel.

Ruth-Sophie Ballin, geb. am 25.4.1932, zog am 24.3.1934 mit ihren Eltern nach Nordhausen. Am 10.5.1942 wurde sie in den Distrikt Lublin deportiert. Dort wurde sie ermordet.

(8) Nicht verlegte Stolpersteine: Christian-Blank-Straße 23

Zur
Erinnerung
an
die
am
9. / 10.
November
1938
durch
Brandstiftung
zerstörte
Synagoge
in
Duderstadt

Familie Cohn
wohnte hier
von
April – November
1938

Jahrzehntelang gab es in der Christian-Blank-Straße in Duderstadt keinen Hinweis darauf, dass hier bis zum Pogrom am 9./10. November 1938 die Synagoge gestanden hatte. 1980 wurde zur Erinnerung ein Denkmal abseits auf dem Stadtwall errichtet. Nichts erinnerte auch an die Menschen, die zuletzt in der Wohnung im Synagogengebäude gewohnt hatten. 2007 schlug die Geschichtswerkstatt Duderstadt, wie schon früher geschehen, vor, in der Christian-Blank-Straße selbst an die Synagoge zu erinnern. Außerdem beantragte der Verein, Stolpersteine für die Familie Cohn verlegen zu dürfen. Ein Denkmal in der Christian-Blank-Straße zu errichten, sagten die Ursulinen als Eigentümerinnen des früheren Synagogengrundstückes nunmehr zu. Gegen Stolpersteine trugen sie Bedenken vor: Man dürfe Namen nicht mit Füßen treten. Deshalb versagte die Stadt Duderstadt die Genehmigung zur Verlegung von Stolpersteinen an dieser Stelle.

Als der Entwurf für das Denkmal öffentlich vorgestellt wurde, enthielt er keinen Hinweis auf das Schicksal der Familie Cohn. Die Geschichtswerkstatt drang darauf, an die letzten Bewohner namentlich zu erinnern. So kamen die Worte „Familie Cohn wohnte hier von April – November 1939" auf das Denkmal. Familie Cohn, das waren das Ehepaar Iwan und Erika Cohn sowie die Tochter Minna.

Iwan Cohn, geboren am 9.2.1894, war von Beruf Schlosser. Er verließ Duderstadt am 28.10.1938, also kurz vor dem November-Pogrom. 1939 emigrierte er nach Schanghai. Von seiner Frau in Deutschland geschieden, heiratete er erneut und arbeitete in seinem Beruf. 1949 übersiedelte er nach Israel. Im August 1954 kehrte er nach Duderstadt zurück und lebte hier sehr ärmlich, bis er im Januar 1956 nach Oldenburg zog. In Delmenhorst ist er am 7.5.1967 gestorben.

Minna Cohn, geb. Bögershausen, geboren am 18.4.1894, evangelisch, zog nach dem Verlust der Wohnung durch die Brandstiftung am 29.11.1938 nach Köln. Ihr war geraten worden, Duderstadt zu verlassen. In Köln ließ sie sich von ihrem Mann scheiden. Ihr weiteres Schicksal ist unbekannt.

Erika Cohn, geboren am 21.3.1920, zog am 29.11.1938 mit ihrer Mutter nach Köln. Ihr weiteres Schicksal ist unbekannt.

In der Christian-Blank-Straße 23 wohnte 1938 auch **Bertha Liffmann**, geb. am 3.11.1909, Verkäuferin. Ob sie noch zum Zeitpunkt des Pogroms hier lebte, ist unbekannt. Bertha Liffmann wurde im KZ Stutthof ermordet.

„Stolpersteine" – Widerstand durch Ästhetisierung
Ansprache
zum Abschluss der Verlegung der Stolpersteine in Duderstadt
am 31. Mai 2007, Aula der Sankt-Ursula-Schule, Duderstadt

Herr Realschulrektor Bickel als Hausherr,
verehrte Damen und Herren der Geschichtswerkstatt Duderstadt e.V.,
verehrte Vertreter und Vertreterinnen der Stadt Duderstadt,
meine Damen und Herren!

Dafür zu forschen,
dafür zu interpretieren
und
dafür zu ästhetisieren,
„daß Auschwitz nicht noch einmal sei"[1]
– so formulierte es Theodor Wiesengrund Adorno (1903 – 1969) in „Erziehung nach Auschwitz" – ist die Hauptsache der Kultur des Gedenkens.

In dem Leitmotiv, dass eine auch nur ansatzhafte Wiederholung dessen, was in Auschwitz verbrochen wurde, verhindert werden müsse, markierte Adorno die Richtung aller aufgeklärten politischen Erziehung.

Meine Damen und Herren,
die Stolpersteine und deren heutige Veröffentlichung wollen bei dieser Politisierung mittun. Die Stolpersteine sind Ästhetisierung. Die Ästhetisierung meint nicht Dokumentation und schon gar nicht Dekoration. Bei der Ästhetisierung geschieht eine Umgestaltung der Realität mit dem Ziel, dass das, was ist, erkennbar wird. Wer den Stolperstein wahrnimmt, zögert und trampelt nicht darauf. Was ehedem zertrampelt wurde, die Menschenwürde, soll nicht erneut mit den Füßen getreten werden, sondern der gewohnte Schritt des geschäftigen und gemütlichen Alltags soll an den Stolpersteinen angesichts dessen, was geschehen ist, „aus dem Tritt" kommen.

Diese Art des Erinnerns bringt mich dazu, die Erinnerungskultur zu navigieren. An erster Stelle steht das Leid der Opfer. An die zweite Stelle rückt die

---

[1] Th. W. Adorno, „Erziehung nach Auschwitz", in: Ders. , „Stichworte Kritische Modelle 2", Frankfurt a. M. 1969, 85-101, hier 85.

Orientierung für die Zukunft.

Ich beginne mit der Erinnerung an das Leid der Opfer. Dabei will ich das Leid der Opfer weder mit der üblichen Gedächtnisphraseologie eröffnen noch will ich bei der Instrumentalisierung dieser Formeln stehen bleiben.

Wir alle kennen etwa die folgenden Versatzstücke aus den inszenierten Feierstunden:

„… ihr Schicksal lehrt uns …",

„… wir lernen daraus, dass …",

„… ihr Vermächtnis in Ehren bewahren …",

„… die Vergangenheit aufarbeiten …".

Auch kennen wir aus der Gedächtnisrhetorik die Worte:

„deportiert",

„Arbeitslager",

„Vernichtungslager",

„ermordet in",

„Flucht",

„in die Emigration gegangen",

„Ghetto",

„überlebt"

„zerstört",

„geschändet",

„seine Spur verliert sich".

Meine Damen und Herren,
das ist nur eine kurze Auswahl aus dem Vokabular der Vertuschung. Wenn ein Verschonter wie ich solche Worte sagt, kann er sich beim Vorlesen im geschützten Milieu keine reale Vorstellung davon machen, welches Leid sich hinter diesen Wörtern in den Gedanken, in der Erinnerung und am Körper der Betroffenen und ihrer Angehörigen ereignete. Man braucht sich nur einmal kurz vorzustellen, was es über einen Menschen bedeutet, wenn von ihm nur noch gesagt werden kann, dass „seine Spur sich verliere". Deshalb verlasse ich die zu oft gebräuchliche Kommentierung des Grauens, weil ich nicht durch Auslegungen, die zwar die Patina der Feierstunde bedienen, die Realität aber verschleiern, den Übergang zur Tagesordnung harmonisieren will.

Wir sollen über das Leid „stolpern", aus dem Tritt kommen. Anders als meine Phrasen geben die harten Worte aus der Tradition der Opfer selbst das Echo auf das Leid. Solche Worte sind schon längst inmitten unseres Alltags aufgeschrieben. Es sind die Gravuren an den drei Gedenkstätten in dieser Stadt.

Beim Denkmal „Die Geknechtete" am Obertorteich steht:
„Ach,
dass ich Wasser genug hätte in meinem Haupt
und meine Augen Tränenquellen wären:
dass ich Tag und Nacht beweinen könnte
die Erschlagenen meines Volkes.
(Jer. 8, 23.)

Auf dem Denkmal für die zerstörte Synagoge liest man:
„Wenn ihr kommt,
um mein Angesicht zu schauen –
wer hat von euch verlangt, dass ihr meine Vorhöfe zertrampelt?"
(Jes. 2, 12.)

Die Inschrift auf dem jüdischen Friedhof am Gänseweg lautet:
„Ihren Mund rissen gegen uns auf all unsere Feinde;
Grauen und Grube wurde uns zuteil,
Verwüstung und Verderben.
Tränenströme vergießt mein Auge über den Zusammenbruch der Tochter
meines Volkes."
(Klagelieder 3, 46 – 48.)

Meine Damen und Herren,
weil der jetzt üblicherweise folgende Kommentar dieser Schreie sie schon wieder verharmlosen würde, mögen sie heute einmal unkommentiert bleiben.

Neben der Erinnerung des Leids – und diese Erinnerung ist als „Widerstand" gemeint – ist die Orientierung für die Zukunft der andere Teil vernünftiger und menschlicher Erinnerungskultur.

Bevor ich zur Zukunftsorientierung komme, ist ein „Vorzeichen" unerlässlich. Ich lege für mich und auch für die heutige Veranstaltung Wert darauf, dass die Zukunftsorientierung nicht dazu gebraucht werden soll, im Nachhinein dem sinnlosen Leid doch eine irgendwie geartete Ordnung zu unterschieben nach dem Muster, dass die Beschützung der Nachkommen das Leid der Vorfahren notdürftig rehabilitiere.

Zu schnell und in meinen Augen auch unmenschlich wird der Gedanke ausgesprochen, dass wir, die Nachkommen, aus dem Leid der Vorfahren doch Lehren für eine bessere Zukunft ziehen könnten. Zumindest die Aussicht auf Besserung könne man doch dem sinnlosen Sterben abgewinnen, so höre ich zu oft.

Meine Damen und Herren,
auch diese pädagogische Instrumentalisierung des Leids möchte ich nicht ratifizieren, denn wäre es nicht besser, auf solchen Lernzuwachs verzichten zu können?

Vor dem Hintergrund dieser Distanzierung von der Verharmlosung erinnere ich im Interesse vernünftiger Zukunft an das politische, ethische und pädagogische Konzept der Friedensursachenforschung. Das Konzept der Friedensursachenforschung geht maßgeblich auf die Forscherpersönlichkeit Dieter Senghaas zurück. Prof. Dr. Dr. h.c. Dieter Senghaas, Jahrgang 1940, forscht und lehrt als Soziologe und Konfliktforscher am „Institut für Interkulturelle und Internationale Studien" der Universität Bremen. Sein Konzept der Friedensursachenforschung ersetzt die klassische Kriegsursachenforschung nicht, überbietet sie aber insofern deutlich, indem das Forschungsparadigma verändert wird.

Senghaas lehrt, dass der Friede letztlich nur durch die Konstruktion friedensschaffender Faktoren dauerhaft gesichert werden könne, und er distanziert sich deshalb von dem bekannten Paradigma „Si vis pacem, para bellum."[2] („Wenn du den Frieden willst, bereite den Krieg vor.") Diesem Paradigma stellt Senghaas sein neues gegenüber: „Si vis pacem, para

---

[2] Unbekannter Autor, Analogie zu Publius Flavius Vegetius Renatus (ca. 400 n.Chr.): „Qui desiderat pacem, bellum praeparat", in: Ders., Vorwort zu „Epitoma rei militaris". Abriß des Militärwesens. Lateinisch und deutsch, mit Einleitung, Erläuterungen und Indices von F. L. Müller, Stuttgart 1997. Und vgl. C. v. Clausewitz, „Vom Kriege. Hinterlassenes Werk des Generals Carl von Clausewitz, Bd.1 - 3, hg. v. Marie v. Clausewitz, Berlin 1832-1834, Bd I, 1, 24 – Krieg als andere Form der Politik.

pacem."[3] („Wenn du den Frieden willst, bereite den Frieden vor.") Mit der Vorbereitung des Friedens meint Senghaas die Installation von Zuständen und Verfahrensweisen, die von solch einer Art sind, dass der Krieg, das ist das Töten von Menschen, überflüssig wird. Das sogenannte „Zivilisatorische Hexagon"[4] ist die Konzentration der Faktoren, die nach Senghaas Frieden einpflanzen.

Im politischen und im friedenspädagogischen Interesse – die Betonung des Pädagogischen sei mir als Lehrer erlaubt – verdienen es die Senghaas'schen Faktoren, ständig ins Bewusstsein zurückgerufen zu werden. Außer dass ich die Senghaas'schen Muster referiere, möchte ich an der einen oder anderen Stelle eine persönliche Akzentuierung hinzufügen. Das erhebt jedoch nicht den Anspruch, den Senghaas'schen Gedanken auch nur im Geringsten noch etwas hinzufügen zu können. Ich möchte nur das aussagen, was Senghaas' Kategorien in mir aufrufen.

Kurz gefasst handelt es sich nach Senghaas um die folgenden sechs Friedensgaranten:
das „Gewaltmonopol",
die „Rechtsstaatlichkeit",
die „Interdependenz und Affektkontrolle",
die „Demokratischen Prinzipien",
die „Soziale Gerechtigkeit",
die „Konfliktkultur".

Ich beginne mit einer Anmerkung zur „Rechtsstaatlichkeit". Ein Lied, das wir alle kennen und bei so mancher Gelegenheit singen, misst dem Recht große Bedeutung bei. Das ist das sogenannte „Lied der Deutschen". Mir geht es jetzt nicht um nationale Nostalgie, sondern darum, das zu vergegenwärtigen, was wir musikalisch inszenieren. Zusammen mit der „Einigkeit" und der „Freiheit" wird das „Recht" als Garantiefaktor – in altmodi-

---

[3]D. Senghaas (Hg.), „Den Frieden denken. Si vis pacem, para pacem", Frankfurt a. M. 1995.
[4]Vgl. zum „Zivilisatorischen Hexagon" D. Senghaas, „Frieden als Zivilisierungsprozeß", in: Ders. (Hg.), „Den Frieden denken", Frankfurt a. M. 1995, 196-223.
Ders., „Zum irdischen Frieden. Erkenntnisse und Vermutungen", Frankfurt a. M. 2004, 30ff.

scher Sprache singen wir als „Unterpfand" – des Glücks ausgelobt. Praktizieren wir doch, was wir singen!

Meine zweite Notiz bezieht sich auf die Senghaas´sche Forderung, dass im Interesse der Friedenspolitik demokratische Prinzipien zu gelten haben. Zu den demokratischen Errungenschaften zähle ich das Institut der Verwaltungsgerichtsbarkeit. Wir alle kennen und lesen unter den behördlichen Bescheiden den Zusatz, dass die Entscheidung mit Einspruch bedient werden könne. Meine Damen und Herren, denken wir uns nur probeweise einmal diesen sogenannten „Rechtsbehelf" weg. Die Überprüfbarkeit des öffentlichen Handelns ist – in meiner Sicht – eine der wesentlichen zivilisatorischen und damit Frieden sichernden Errungenschaften. Die soeben erwähnte Weglassprobe illustriert, was Willkür wäre.

Meine dritte persönliche Anmerkung betrifft die soziale Gerechtigkeit. Diese Forderung heischt allenthalben mächtigen Beifall. In den wohlfeilen Beifall trage ich eine kurze Überlegung zur sozialen Gerechtigkeit unter den neuen Bedingungen der sogenannten Globalisierung ein. Die Globalisierung – ein Hochwertwort unserer Zeit – ist (doch) nichts anderes als der Unterschied zur Begrenzung. Die Bindung an Raum und Zeit ist mittels einer technischen Möglichkeit, konkret mittels der Kommunikationsmaschinen, aufgehoben. Diese Entbindung versetzt uns in eine doppelte Qualität. Es ist uns auf der einen Seite möglich, die schönen Vorgänge direkt mitzuerleben, und die Freude daran soll von mir nicht eingeschränkt werden. Auf der anderen Seite aber werden wir über das Übel in Kenntnis gesetzt, das anderswo unsere Zeitgenossen quält, und zwar ebenfalls simultan. Dieses simultane Wissen verpflichtet dann aber auch, unverzüglich an der Beseitigung des Übels, soweit Menschenkraft dazu in der Lage ist, zu arbeiten, denn die Ausrede auf die Unwissenheit ist nicht mehr möglich, und das ist ein Segen.

Außerdem ist, wenn der soziale Ausgleich als Friedenssicherung gilt, damit gemeint, dass jedem und überall zumindest die Grundbedürfnisse des Lebens befriedigt werden. Diese Befriedigung erfüllt sich nur, wenn man das Wort „Ausgleich" ernst nimmt, und das geschieht durch den Ausgleich von den reichen zu den armen Menschen hin. Ohne diesen Verzicht auf der privilegierten Seite wird es mit dem Ausgleich nichts.

Meine letzte Überlegung betrifft die Kategorie der Konfliktkultur, die Senghaas als eine Friedensgarantie auslobt. Senghaas betont, dass die moderne Konfliktkultur wesentlich von der Tugend der Toleranz geprägt sein müsse. Bei der Toleranz gehen meine Gedanken zur Empathiefähigkeit. Gemeint ist damit die für den Menschen mögliche Fähigkeit, sich zumindest kognitiv probeweise die Motive und Handlungsabläufe eines anderen Menschen zu vergegenwärtigen. Die Empathie ist kaum zu verordnen. Sie zu üben, daran kann aber unablässig appelliert werden. Der Appell seinerseits kann durch verstehbare, nicht kryptische Kommunikation über die Motive des anderen flankiert werden und er kann wirkungsvoll durch Toleranzpraxis anschaulich werden. Toleranzpraxis meint zunächst das Aushalten der Andersartigkeit des anderen. Dieses Aushalten der Verschiedenheit ist oft – ich gebe es zu – seelisch sehr strapaziös. Toleranzpraxis meint aber noch mehr als nur das Aushalten des Unterschieds, sondern – deutlich darüber hinaus mich fordernd – das offensive Organisieren der Andersartigkeit.

Meine Damen und Herren,
zwei Elemente der Erinnerung waren mir wichtig. Erinnerung an den „Un-Sinn" des Leids will der erste Schritt zum Protest gegen die Sinnlosigkeit sein. Die Schwerarbeit für die Implementierung von Friedenstiftungen ist der andere Schritt. „Stolpersteine" verpflichten zu beiden Schritten.

StD Dr. Guntram Czauderna

Quellenverzeichnis:

Th. W. Adorno, „Erziehung nach Auschwitz", in: Ders., „Stichworte Kritische Modelle 2", Frankfurt a. M. 1969, 85 – 101.
C. v. Clausewitz, „Vom Kriege. Hinterlassenes Werk des Generals Carl von Clausewitz", Bd. 1-3, Berlin 1832-1834, hg. von Marie von Clausewitz.
Publius Flavius Vegetius Renatus, „Epitoma rei militaris". Abriß des Militärwesens, Lateinisch und deutsch, mit Einleitung, Erläuterungen und Indices von F. L. Müller, Stuttgart 1997.
D. Senghaas, „Den Frieden denken. Si vis pacem, para pacem", Frankfurt a. M. 1995.
Ders., „Zum irdischen Frieden. Erkenntnisse und Vermutungen", Frankfurt a. M. 20.

„Stolpersteine" - Unterbrechung der Tagesordnung
Ansprache zum Abschluss der Verlegung der Stolpersteine in Duderstadt am 27. November 2008, Aula der Sankt-Ursula-Schule, Duderstadt

Herr Realschulrektor Bickel als Hausherr, verehrte Damen und Herren der Geschichtswerkstatt Duderstadt e.V., verehrte Vertreter und Vertreterinnen der Stadt Duderstadt, meine Damen und Herren!

Nach der Verlegung im Mai 2007 setzen wir heute erneut Stolpersteine in unsere Stadt. Sie sollen uns an das Böse erinnern, und wir wollen dem Bösen und den Bösen widerstehen.

Am Prozess gegen Adolf Eichmann, 1961, nahm Hannah Arendt als Reporterin für das Magazin „New Yorker" teil. Hannah Arendt ist 1906 in Hannover-Linden geboren und im Jahre 1975 in New York gestorben. 1963 wurde ihr Prozessbericht unter dem Titel „Eichmann in Jerusalem. A Report on the Banality of Evil"[5] veröffentlicht. Im Jahre 1964 folgte die deutsche Übersetzung: „Eichmann in Jerusalem. Ein Bericht von der Banalität des Bösen."[6] Der Untertitel, „Banalität des Bösen", löste eine heftige Kontroverse aus. Die Vorhaltung lautete im Kern, dass das Wort „Banalität" das Grauen verharmlosen würde.[7] Im Vorwort zur deutschen Ausgabe antwortete Hannah Arendt auf die Kritik. Was sie unter der „Banalität des Bösen", die ihr im Verlauf des Prozesses unter die Augen gekommen sei, verstanden habe, fasste sie folgendermaßen zusammen: „Daß eine solche Realitätsferne und Gedankenlosigkeit in einem mehr Unheil anrichten können als alle die dem Menschen vielleicht innewohnenden bösen Triebe zusammengenommen, das war in der Tat die Lektion, die man in Jerusalem lernen konnte. Aber es war eine Lektion und weder eine Erklärung des Phänomens noch eine Theorie darüber."[8] Hannah Arendt typisiert das

---

[5] H. Arendt, „Eichmann in Jerusalem. A Report on the Banality of Evil", New York 1963.

[6] H. Arendt, „Eichmann in Jerusalem. Ein Bericht von der Banalität des Bösen", München 1964.

[7] Zur Dokumentation und Bearbeitung der Kritik vgl. F.A. Krummacher (Hg.), „Die Kontroverse. Hannah Arendt, Eichmann und die Juden", Frankfurt a. M. 1964.

[8] H. Arendt, „Eichmann in Jerusalem. Ein Bericht von der Banalität des Bösen", München 1964, „Vorrede", 9-25, hier 16.

Böse – so verstehe ich sie – als die totale Entfernung des Denkens von allem, was menschlich ist. Das sei die „Banalität", nicht das Harmlose.

Angesichts des Bösen, meine Damen und Herren, angesichts des Bösen generell und besonders angesichts des Bösen dieses Ausmaßes, das Hannah Arendt erlebt hat, gibt es zwei Formen der Warum-Frage.

Es gibt die Warum-Frage, deren Beantwortung zur Erklärung des Bösen führen soll, und es gibt die Warum-Frage, die angesichts des Bösen zur eigenen Infragestellung führt.[9]

Innerhalb des erstgenannten Konzepts wird nach den tiefen Hauptursachen, den flankierenden Nebenursachen, nach den Anlässen für den Ausbruch des Bösen und nach der Verbindung aller dieser Faktoren, die den Ausbruch „begünstigt" haben, gesucht. Das alles geschieht in der Absicht, die Wiederholung möglichst zu vermeiden. Theodor W. Adorno nennt diese Anstrengung gegen das Grauen „Entbarbarisierung".[10]

Aus der Reihe der beeindruckenden Analysen hebe ich heute die des Arztes, Psychologen und Philosophen Alexander Harbord Mitscherlich (1908 - 1982) hervor. In seiner Dankesrede für die Verleihung des Friedenspreises des Börsenvereins des Deutschen Buchhandels am 12.10.1969 zum Thema „Über Feindseligkeit und hergestellte Dummheit" hat Mitscherlich seine Analyse, warum sich das Böse in Auschwitz und an den anderen Orten austoben konnte, in Kurzform zusammengefasst.[11] Mitscherlichs Befund bezüglich der Verursachung des Bösen sind zwei Faktoren: „die leicht weckbare Feindseligkeit des Menschen gegen seine Artgenossen"[12] und „die anerzogene Dummheit, die sorgfältig durch Erziehung zu Vorurteilen herbeigeführte Dummheit".[13]

---

[9]Zu den beiden Warum-Fragen vgl. I.U. Dalfert, „Das Problem des Bösen im analytischenTheismus", in: fiph journal, Nr.12, September 2008, 6-7.
[10]Th. W. Adorno, „Erziehung nach Auschwitz", in: Ders., „Stichworte Kritische Modelle 2", Frankfurt a. M. 1969, 85 - 101, hier 91.
[11]Der Redetext in:
http://www.boersenverein.de/sixcms/media.php/806/1969_mitscherlich.pdf, 8 - 14.
[12] A.a.O., 10.
[13] Ebd.

Mitscherlichs Analyse gipfelt darin, dass speziell das Zusammentreffen der leicht entflammbaren Feindseligkeit des Menschen gegen Menschen mit organisierter Dummheit den riskanten Nährboden für Brutalitäten liefere.[14] Zum Nachdenken provoziert die Mitscherlich´sche Analyse deshalb, weil sie mich der Idylle beraubt, im Tiefsten doch ein nur liebesfähiges Wesen zu sein, denn die Bereitschaft zur Feindseligkeit wirkt gemäß Mitscherlich im Rang einer „seelischen Eigenart des Menschen als Gattungswesen".[15] Für unsere Erinnerungs- und Zukunftskultur ergibt sich aus den Mitscherlich´schen Befunden, das Entstehen von Vorurteilen bereits an den Wurzeln durch Widerspruch zu unterbrechen.

Meine Damen und Herren,
mit ihrer Arbeit will die Geschichtswerkstatt Duderstadt e.V. im Rahmen ihrer Möglichkeiten erklären, was warum geschehen ist, und bei dieser Aufklärungsarbeit presst sich die andere Warum-Frage in den Mittelpunkt.

Die härteste Warum-Frage ist die, die das Opfer stellt: „Warum ich?" Als jemand, der nicht Opfer ist, habe ich mich angesichts dieser Frage in Bescheidenheit zurückzuhalten. Vorschnelle Stellvertreterantworten aus den „klugen" Büchern mag ich nicht zitieren. Weil das Schweigen aber nicht gut erträglich ist und weil wir uns nicht durchschonen können, erinnere ich (mit Verlaub in deutscher Sprache) an die Sehnsucht, die das Gebet zum Gedenken an die Toten der Shoa wagt:

„So berge sie doch Du, Herr des Erbarmens,
im Schutz deiner Fittiche in Ewigkeit
und schließe ihre Seelen mit ein in das Band des ewigen Lebens."[16]

Das „Band des ewigen Lebens" ist der Widerspruch gegen die Sinnlosigkeit des Bösen.

Die Warum-Frage, meine Damen und Herren, gehört nicht nur zu den Opfern. Auch wir können uns vor einer Reaktion nicht drücken. Mit drei Reaktionen wollen wir, will ich auf sie – bescheiden – antworten:
mit der Ächtung des Bösen, mit dem Blick in die Zukunft und mit der Würdigung der Opfer.

---

[14]Vgl. ebd.
[15] ebd.
[16] Der Gebetstext : http://www.hagalil.com/judentum/feiertage/gefallen.htm.

Die Ächtung des Bösen:
Mit der Verlegung der Stolpersteine ächten wir das Leid.
Wir nehmen „An-Stoß" daran.
Es ist nicht hinnehmbarer Teil unserer Welt.

Der Blick in die Zukunft:
Mit der Verlegung der Stolpersteine beziehen wir Position für eine Gestalt der Welt, in der Wiederholung nicht sein soll. Die Qualitätsmerkmale der besseren Welt sind immer wieder zu benennen. Der Göttinger Politologe Bassam Tibi, geb. 1944, prägte dafür den Begriff der „Leitkultur" und meinte damit nicht die Überlegenheit der Lebensweise eines Volkes über die anderer Völker, sondern leitend sind in seiner Theorie für die zukunftstaugliche Welt: „das Primat der Vernunft vor religiöser Offenbarung (d. h. vor der Geltung absoluter Wahrheiten); individuelle Menschenrechte (also nicht Gruppenrechte), zu denen im besonderen Maße die Glaubensfreiheit zu zählen ist; säkulare, auf der Trennung von Religion und Politik basierende Demokratie; allseitig anerkannter Pluralismus sowie ebenso gegenseitig geltende Toleranz. "[17]

Ich erlaube mir, diesen Zukunftskonstruktionen eine weitere hinzuzufügen, und zwar die Umsteuerung von den klassischen reaktiven Interventionen hin zu den präaktiven Versäulungen des Friedens, so wie Dieter Senghaas´ Hexagon es beschreibt.[18] In den Zusammenhang der präaktiven Friedenssicherungen möchte ich noch eine besondere Bedarfsregelung stellen. Ihre Notwendigkeit drängt sich mir immer deutlicher auf. Sollte es sich trotz aller präaktiven Vorsorgemaßnahmen doch als das unabwendbare Übel herausstellen, dass die aufgeklärte Welt zur Abwendung noch größeren Übels militärisch intervenieren muss, weil die Dummheit trotz aller Abwehrversuche hat zu dumm werden können, dann ist das klassische Kriegsvölkerrecht dringend zu erweitern. Die Erweiterung hätte darin zu bestehen, dass das „jus in bello", die Verfahren zur Eindämmung der Barbarei im Krieg, bereits vor der Intervention zwingend durch das „jus post bellum" , also durch die völkerrechtlich verbindliche Regelung dessen, was

---

[17] B. Tibi, „Leitkultur als Wertekonsens Bilanz einer missglückten deutschen Debatte", in: „Aus Politik und Zeitgeschichte" (B 1-2/2001), http://www.bpb.de/popup/popup_druckversion.html?guid=40QUIX&page=2
[18] Vgl. die kurze Ansprache zur Verlegung der Stolpersteine am 31. Mai 2007.

danach zu geschehen hat, unterstützt wird. „Jus in bello" und „jus post bellum" gehören zusammen.[19]

Die Würdigung der Opfer:
Mit den Stolpersteinen wollen wir dem Vergessen widerstehen, weil das Vergessen die Entwürdigung noch einmal vermehren würde. Den Widerspruch und den Widerstand gegen die Entwürdigung möchte ich wiederum nicht mit eigenen belanglosen Vokabeln inszenieren, sondern gegen die Entwürdigung setze ich Worte aus der Tradition der Opfer. Es ist der Psalm 8, der einzigartige Hymnus auf die Größe des Menschen:

Herr, unser Herrscher,
wie gewaltig ist dein Name auf der ganzen Erde.
Über den Himmel breitest du deine Hoheit aus.

Aus dem Munde der Kinder und Säuglinge schaffst du dir Lob,
deinen Gegnern zum Trotz.
Deine Feinde und Widersacher müssen verstummen.

Sieh den Himmel, das Werk deiner Finger;
Mond und Sterne, die du befestigst.

Was ist der Mensch, dass du an ihn denkst,
des Menschen Kind, dass du dich seiner annimmst?

Du hast ihn nur wenig geringer gemacht als Gott,
hast ihn mit Herrlichkeit und Ehre gekrönt.

Du hast ihn als Herrscher eingesetzt über das Werk deiner Hände,
hast ihm alles zu Füßen gelegt.[20]

StD Dr. Guntram Czauderna

---

[19] Vgl. Chr. Henke, „Ein Beitrag zur neueren Lehre vom gerechten Krieg". In: Chr. Starck (Hg.) „Kann es heute noch ‚gerechte' Kriege geben? Preisschriften des Forschungsinstituts für Philosophie Hannover", Bd.5, Göttingen 2008, 109-157, hier 132-154. Chr. Henke benutzt als Formulierungen „Präinterventions-, Interventions- und Postinterventionskriterien", a.a.O., 131.
[20] Psalm 8 „Die Bibel Altes und Neues Testament. Einheitsübersetzung", Stuttgart 1980.

Quellenverzeichnis:

Gebet zum Gedenken an die Toten der Shoa:
http://www.hagalil.com/judentum/feiertage/gefallenm.htm

Psalm 8: „Die Bibel. Altes und neues Testament. Einheitsübersetzung", Stuttgart 1980.

Th. W. Adorno, „Stichworte Kritische Modelle 2", Frankfurt a.M. 1969.

H. Arendt, „Eichmann in Jerusalem. A Report on the Banality of Evil", New York 1963.

Dies., „Eichmann in Jerusalem. Ein Bericht von der Banalität des Bösen", München 1964.

I.U. Dalfert, „Das Problem des Bösen im analytischen Theismus", in: fiph journal, Nr. 12, September 2008, 6-7.

Chr. Henke, „Ein Beitrag zur neueren Lehre vom gerechten Krieg", in:
Starck, Chr. (Hg.): „Kann es heute noch 'gerechte' Kriege geben?" Preisschriften des Forschungsinstituts für Philosophie Hannover, Bd. 5, Göttingen 2008, 109-157.

F. A. Krummacher (Hg.), „Die Kontroverse. Hannah Arendt, Eichmann und die Juden", Frankfurt a. M. 1964.

A. H. Mischerlich, „Über Feindseligkeit und hergestellte Dummheit".
http://www.boersenverein.de/sixcms/media.php/806/1969_mitscherlich.pdf, 8-14.

B. Tibi, „Leitkultur als Wertekonsens. Bilanz einer missglückten deutschen Debatte", in: „Aus Politik und Zeitgeschichte" (B 1-2/2001),
http://www.bpb.de/popup/popup_druckversion.html?guid=40QUIX&page=2.

Geschichte der Stolpersteinverlegung in Duderstadt

Gunter Demnig beim Verlegen des Stolpersteins für Heinrich Kötter

Am 30.5.2007 und am 26.11.2008 verlegte Gunter Demnig insgesamt 26 Stolpersteine zur Erinnerung an Opfer des Nationalsozialismus in Duderstadt. Am jeweils folgenden Tag, also am 31.7.2007 und am 27.11.2008, wurden sie feierlich eingeweiht.

Bereits im Herbst 2004 hatte die Geschichtswerkstatt Duderstadt den Plan gefasst, Stolpersteine auch hier verlegen zu lassen. Mit der jüdischen Gemeinde und der Gesellschaft für christlich-jüdische Zusammenarbeit in Göttingen nahm der Verein deshalb Kontakt auf. Bei der Stadt Duderstadt wurde im Dezember 2004 der Antrag gestellt, Stolpersteine vor den Wohnhäusern früherer jüdischer Einwohner in den Bürgersteig einlassen zu dürfen. Nach ausführlicher Beratung in den Gremien der Stadt billigte der Stadtrat am 12.10.2006 die Verlegung von Stolpersteinen einstimmig. Zur Auflage machte er dabei, dass eine einvernehmliche Absprache mit den Grundstückseigentümern zu treffen und – soweit möglich – das Einverständnis von Angehörigen einzuholen sei. Das entsprach den von der Geschichtswerkstatt eingebrachten Vorstellungen.

Wesentliche Teile der Vorbereitungsarbeit bestanden darin, Nachforschungen über die Menschen anzustellen, zu deren Erinnerung Stolpersteine verlegt werden sollten. Dabei wurde deutlich, wie wenig in den meisten Fällen über sie noch herauszufinden ist. Eigentlich nur bei dem Kaplan Kötter reichen die Ergebnisse der Suche aus, sich ein Bild von ihm als Mensch machen zu können. Bei den anderen beschränkt sich das erreichbare Wissen zumeist nur auf dürre Daten wie den Namen, den Geburtsort, das Geburtsdatum, den Tag der Deportation und das Deportationsziel. Nicht einmal Fotos sind erhalten geblieben – insgesamt also zu wenig, um eine irgendwie anschauliche Vorstellung von ihrer Person gewinnen zu können. – Die Recherche nach bislang unbekannten Angehörigen blieb erfolglos. Nur mit Rolf Ballin konnte Kontakt aufgenommen werden.

Bei den Planungen zur Verlegung der Stolpersteine wurde auch die Familienzugehörigkeit berücksichtigt. So erhielt Max Rosenbaum einen Stolperstein, obwohl er nicht deportiert wurde. Wohl aber hatte sein Geschäft unter den Repressionen der ersten Jahre des Dritten Reiches zu leiden.

Die Aktion Stolpersteine stieß in Duderstadt auf viel Zustimmung. Schnell waren nach öffentlichen Aufrufen und persönlicher Ansprache Spender als

„Paten" von 17 Stolpersteinen gefunden. Nicht zu übersehen war aber auch, dass eine Minderheit das Erinnern an die Opfer der NS-Zeit in Duderstadt immer noch ablehnte. Unter der Überschrift „Stolpersteine finden nicht nur Freunde" berichtete das Eichsfelder Tageblatt am 7.6.2006, ein Mitglied des Ortsrats Duderstadt habe dem Projekt Stolpersteine komplett widersprochen mit der Bemerkung, es gebe bereits genug Mahnmale und: „Wir müssen doch nicht ewig in diesem Topf herumrühren und den Deckel nicht zumachen. Wir sollten unsere Stadt durch solche Stolpersteine nicht verschandeln."

Diese Meldung der Zeitung löste eine Flut von Leserbriefen, selbst aus der Ferne, aus. Nils Ballhausen schrieb aus Berlin: Wer fordere, „man müsse endlich den ‚Deckel zumachen'", der raube „künftigen Generationen die Möglichkeit eines tieferen historischen Verständnisses." Und auch die junge Generation selbst meldete sich zu Wort, Schülerinnen und Schüler des Eichsfeld-Gymnasiums Duderstadt. Sie schrieben:

„... Man könnte die äußerst unsachlichen Äußerungen zum Vorschlag Mahnmale gegen das Vergessen des Holocaust zu errichten als einmaligen argumentativen Fehltritt eines CDU-Kommunalpolitikers sehen, doch sie sind viel mehr als das.

Sie sind ein kleiner Einblick in ein abstruses, ewig gestriges und zutiefst von Unverständnis deutscher Geschichte geprägtes Denkschema. Sie beleidigen und verspotten die millionenfach unschuldig ermordeten Opfer der Nazis und lassen ihren Tod angesichts von stupider Verdrängung jener, die das, was geschehen ist, aus der Erinnerung streichen wollen, gänzlich sinnlos erscheinen.

Man kann aus Geschichte lernen, auch wenn das manche noch nicht erkannt haben. Das zeigt die Entwicklung der Bundesrepublik seit ihrer Gründung, denn das fröhliche WM-Austragungsland Deutschland im Jahre 2006 mit all seiner Vielfalt und Schönheit hätte [es] ohne die Erinnerungskultur und die Aufarbeitung des Nationalsozialismus in der Bundesrepublik nicht gegeben.

Wie wichtig es ist, sich den Holocaust in Erinnerung zu rufen, zeigen allein die Dimensionen dieses Verbrechens. Vor gerade einmal 70 Jahren fand hier auf unserem Kontinent das größte und unmenschlichste Verbrechen aller Zeiten statt. Kinder, alte Menschen, Frauen und Männer wurden all ihrer unveräußerlichen Rechte beraubt und in riesigen Vernichtungsfabriken ermordet.

Das alles sollen wir vergessen? Daran sollen wir nicht mehr erinnert werden, weil Mahnmale angeblich unsere Stadt ‚verschandeln'? Schande über die, die solchen Stumpfsinn als politischer Mandatsträger öffentlich äußern. Wir als Jugendliche in der Region Duderstadt wollen die Geschichte nicht vergessen oder verdrängen. Wir wollen die Vergangenheit als Mahnung verstehen und aus ihr lernen, eine menschliche und demokratische Gesellschaft zu schaffen.

Die Zukunft braucht Geschichte. Wir als junge Generation sind die Zukunft. Wir brauchen Wissen über die Vergangenheit, um aus ihren Fehlern zu lernen. Mahnmale können dazu beitragen. Wer sie ablehnt, entlässt die Jugend orientierungslos in eine ungewisse Zukunft.

Abschließen möchten wir mit dem dringenden Appell an alle Orts- und Stadtratsmitglieder ungeachtet unsachlicher Nörgelei das Projekt ‚Stolpersteine' zu unterstützen.

Jonas Fabian Hunold, Till Bornscheuer, Jonas Oberthür, Sophie Bornscheuer, Michael Bock, Philipp Reinke, Martin Klingebiel, Aljoscha Koch, Max Segl, Christopher Pötzl, Fabian Henkel – Duderstadt." (Eichsfelder Tageblatt vom 12. Juli 2006)

Diese Reaktion gerade junger Menschen war ermutigend.

Bei der Verlegung der Stolpersteine durch Gunter Demnig gab es denkwürdige Begegnungen. Es ereignete sich, dass alte Menschen stehen blieben, ihm zuschauten und dann erklärten, die Familie Israel, die Familie Löwenthal noch gekannt zu haben. Das Beschweigen der Vergangenheit in den Jahrzehnten zuvor war gebrochen. Ein älterer Passant aber sprach verächtlich über Juden und bestritt den Holocaust: „Umgebracht? Dass ich nicht lache!" Das machte den immer noch vorhandenen Bodensatz des alten Denkens in unserer Gesellschaft erneut deutlich – und damit die Aufgaben, die daraus für die Verteidigung und Entwicklung unserer demokratischen und rechtsstaatlichen Ordnung erwachsen.

Bei der Einweihungsfeier der ersten 17 Stolpersteine in Duderstadt zur Erinnerung an die Familien Israel und Rosenbaum sowie an diejenige von Gustav und Johanna Löwenthal wirkten Schülerinnen und Schüler des

Eichsfeld-Gymnasiums und der St.-Ursula-Schule in Duderstadt mit. Sie erinnerten bei einem Rundgang zu den Stolpersteinen in Redebeiträgen an die jüdischen Familien und gestalteten die Abschlussfeier in der Aula der St.-Ursula-Schule durch musikalische Beiträge mit. Dr. Guntram Czauderna hielt die in diesem Buch abgedruckte Ansprache über „Stolpersteine – Widerstand durch Ästhetisierung".

Die zweite Feier zur Einweihung von weiteren neun Stolpersteinen zur Erinnerung an Kaplan Heinrich Kötter, an das Ehepaar Aron und Flora Stein sowie die Familie von Max und Lina Löwenthal verlief ähnlich wie die erste. Wiederum waren die St.-Ursula-Schule und das Eichsfeld-Gymnasium beteiligt, zudem die Berufsbildenden Schulen Duderstadt. Auch der Bürgermeister nahm als Vertreter der Stadt Duderstadt teil. Nach dem Auftakt im Pfarrsaal der St.-Cyriakus-Kirchengemeinde wurden die drei neuen Verlegestellen aufgesucht, außerdem das frühere Synagogen-Grundstück, wo keine Stolpersteine für die Familie Cohn verlegt werden durften. Musikalisch wirkten wieder Schülerinnen und Schüler der St.-Ursula-Schule mit, beim Beginn im Pfarrsaal wie zum Abschluss in der Schulaula. Dr. Czauderna trug Gedanken zum Thema „Stolpersteine – Unterbrechung der Tagesordnung" vor. – Eine der Lehren aus der NS-Zeit, dass Formen des friedlichen Miteinanders wichtig zu nehmen und zu pflegen sind, wurde am Ende zu verdeutlichen versucht. Die Berufsbildenden Schulen hatten ein einfaches Gebäck vorbereitet für ein kleines, symbolisch gemeintes gemeinsames Mahl.

Seitdem erreichen die Mitglieder der Geschichtswerkstatt Duderstadt gelegentlich Mitteilungen darüber, dass jemand über die Steine „gestolpert" sei.

Quellen und Literatur

Buchholz, Marlies: Die hannoverschen Judenhäuser. Zur Situation der Juden in der Zeit der Ghettoisierung und Verfolgung 1941 – 1945, Hildesheim 1987.

Ebeling, Hans-Heinrich: Duderstadt 1945 – 1949. Kriegsende und Neubeginn. Ein Quellen- und Lesebuch, Duderstadt 1997.

Frieling, Christian: Priester aus dem Bistum Münster im KZ, Münster 1992.

Hilberg, Raul / Staron, Stnislaw / Kermisz, Josef (Hrsg.): The Warsaw Diary of Adam Czerniakow, Chicago 1999.

Schäfer-Richter, Uta / Klein, Jörg: Die jüdischen Bürger im Kreis Göttingen. Göttingen – Hann. Münden – Duderstadt. Ein Gedenkbuch. Göttingen 1992.

Schwedhelm, Hans Georg: „Bei denen konnte man immer gut einkaufen". Das Ende jüdischen Lebens in Duderstadt, Göttingen 2006.

Archive

Bundesarchiv:

Gedenkbuch. Opfer der Verfolgung der Juden unter der nationalsozialistischen Gewaltherrschaft in Deutschland 1933 – 1945.

Gedenkstätte Auschwitz:

Datenbank „Auschwitz prisoners search".

Stadtarchiv Duderstadt:

Einwohnermeldekartei.

Dokumentation und Aufstellung des Standesamts Duderstadt 1981 über die ehemaligen jüdischen Mitbürger in Duderstadt.

Veröffentlichungen der Geschichtswerkstatt Duderstadt e.V.

Bücher:

Chiampo, Guiseppe: Überleben mit Stift und Papier. Aus dem Tagebuch eines Italienischen Militärinternierten im Zweiten Weltkrieg in Hilkerode/Eichsfeld, herausgegeben von Günther Siedbürger, Göttingen 2004.

Hütt, Götz: Das Außenkommando des KZ Buchenwald. Ungarische Jüdinnen im Rüstungsbetrieb Polte, Norderstedt 2005

Hütt, Götz: „Jede Minute, die wir noch leben, ist von Nutzen." Lebensgeschichtliche Interviews mit ehemaligen Häftlingen des KZ-Außenlagers Duderstadt, Norderstedt 2011.

Demnächst erscheint: **Hütt, Götz:** Geschichte der neuzeitlichen jüdischen Gemeinde in Duderstadt.

Schwedhelm, Hans Georg: „Bei denen konnte man immer gut einkaufen". Das Ende jüdischen Lebens in Duderstadt, Göttingen 2006. (Vergriffen!)

CD:

Marta Schweitzer: „Jede Minute, die wir leben, ist von Nutzen." Evakuierung aus dem KZ in Duderstadt. Aufzeichnungen vom 29.4.1945. Übersetzung: Stephanie Billib; Sprecherin: Jenny König; Schnitt: M. Reichmann. [Erhältlich über die Geschichtswerkstatt Duderstadt.]

DVD:

Als Zwangsarbeiterkind in Südniedersachsen 1944 – 1946.
Filmisches Interview mit Mirosław Kukliński.
[Erhältlich über die Geschichtswerkstatt Duderstadt.]

Anschrift:

Geschichtswerkstatt Duderstadt e.V., Sonnenweg 1, 37115 Duderstadt

www.geschichtswerkstatt-duderstadt.de